28 Décembre 1911

marqué **PN**

VENTE

Du Jeudi 28 Décembre 1911

HOTEL DROUOT, SALLE N° 8

A TROIS HEURES

❉

I

TABLEAUX ANCIENS

PORTRAIT DE LA MARQUISE DE POMPADOUR

Attribué à DROUAIS

MEUBLES — BRONZES

PENDULES

Appartenant à Monsieur X...

II

TABLEAUX — AQUARELLES

MEUBLES ET OBJETS VARIÉS

Appartenant à Divers

EXEMPLAIRE DE H. STETTINER

COMMISSAIRE-PRISEUR

Me GEORGES AULARD

EXPERTS

MM. PAULME & B. LASQUIN Fils

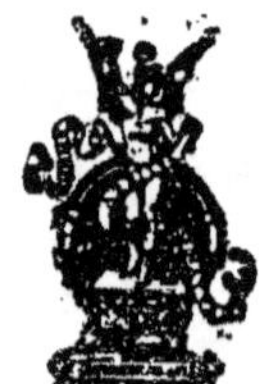

CATALOGUE

I

TABLEAUX ANCIENS

ET MODERNES

Par, ou attribués à :

ANTOINE COYPEL, F. DE TROY, DROUAIS
CLAUDE LEFÈVRE, A. MAIGNAN, A. ROEHN, TOCQUÉ

PORTRAIT DE LA MARQUISE DE POMPADOUR

Attribué à DROUAIS

Portrait d'Homme, par FRANÇOIS DE TROY

MEUBLES, BRONZES, PENDULES

Appartenant à Monsieur X***

II

TABLEAUX, AQUARELLES

MEUBLES ET OBJETS VARIÉS

APPARTENANT A DIVERS

DONT LA VENTE AUX ENCHÈRES PUBLIQUES AURA LIEU

HOTEL DROUOT, SALLE N° 8

LE JEUDI 28 DÉCEMBRE 1911

A TROIS HEURES

<table>
<tr><td>COMMISSAIRE-PRISEUR</td><td>EXPERTS</td></tr>
<tr><td>Mᵉ GEORGES AULARD</td><td>MM. PAULME & B. LASQUIN Fils</td></tr>
<tr><td>6, rue Saint-Marc</td><td>10, r. Chauchat | 11, r. Grange-Batelière</td></tr>
</table>

PARIS

Chez lesquels se distribue le présent Catalogue.

EXPOSITION PUBLIQUE

Le Mercredi 27 Décembre 1911, salle n° 8, de 1 h. 1/2 à 6 h.

CONDITIONS DE LA VENTE

Elle sera faite au comptant.

Les adjudicataires paieront *dix pour cent* en sus des enchères.

L'exposition mettant le public à même de se rendre compte de l'état et de la nature des objets, aucune réclamation ne sera admise une fois l'adjudication prononcée.

Paris. — Imp. de l'Art, CH. BERGER, 41, rue de la Victoire

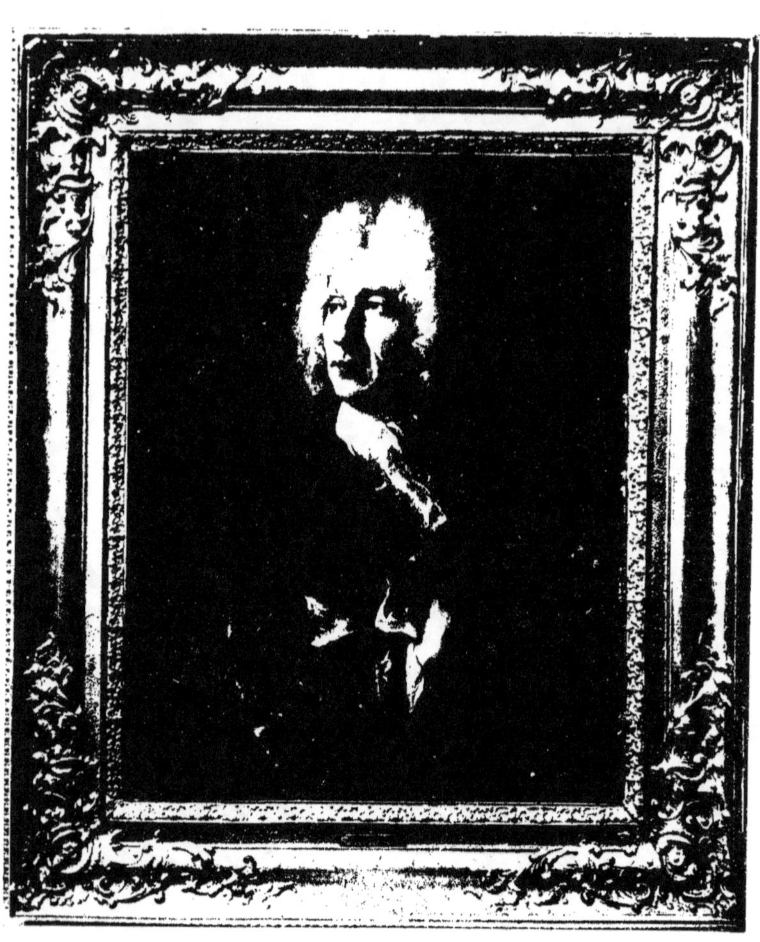

N° 2.

5700

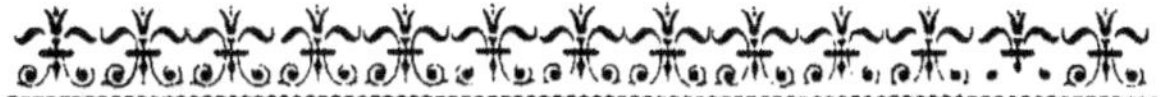

DÉSIGNATION

I
Objets appartenant à M. X...

TABLEAUX

COYPEL (Antoine)
(1661-1722)

1 — *Bacchus et Ariane.*

Composition reproduite en tapisserie à la Manufacture
Royale des Gobelins.

Toile. Haut., 74 cent.; larg., 87 cent.

DE TROY (François)
(1654-1730)

2 — *Portrait d'un Gentilhomme.*

En buste, presque de face, le corps légèrement
tourné vers la droite, le visage vers la gauche. Il est
drapé dans un large manteau de couleur changeante,
croisé sur la poitrine et retenu par la main droite. Jabot
et manchette de dentelle. Perruque poudrée.

Œuvre d'une belle facture. A droite, vers le milieu,
on lit : *Peint par François De Troy, en 1718.*

Toile. Haut., 81 cent., larg., 65 cent.

Cadre en bois sculpté et doré. Époque Louis XIV.

DROUAIS (Attribué à F.-H.)
(1727-1776)

3 — Portrait de Mme la marquise de Pompadour.

Elle est vue presque de face, à mi-corps, assise dans un fauteuil ; vêtue d'un corsage décolleté, en soie crème brochée, à branchages fleuris ; orné de riches dentelles blanches et agrémenté de nœuds de ruban à rayures multicolores. Les deux mains dans un manchon d'hermine. Elle est coiffée d'une mantille de dentelle blanche, délicatement posée sur sa chevelure bouclée et poudrée, réunie sous le menton par un ruban semblable à ceux du corsage. A gauche, une draperie rouge.

Ce portrait, semblable à celui figurant au Musée d'Orléans, mais avec quelques variantes importantes, notamment dans les manchettes et le manchon qui sont plus complets, et la draperie qui n'existe pas dans celui du Musée.

M. L. Gonse, dans *Les Chefs-d'œuvre des Musées de France*, en parlant de ce portrait, s'exprime en ces termes : « De Drouais plus ravissant et plus fin que le portrait à la mantille de dentelle blanche et au manchon de Mme de Pompadour, il n'en saurait exister. On connaît de nombreuses effigies de Mme de Pompadour (Nattier, Boucher, Van Loo se sont mesurés avec ce joli visage aux carnations éclatantes, aux expressions décevantes) ; c'est le portrait de Drouais, toutefois, après l'admirable La Tour, du Louvre, qui me semble avoir le mieux rendu l'intime élégance, l'assurance satisfaite, et cette note d'art générale, si je puis dire, qui donnaient à toute la personne de la marquise un si grand air et si séduisant. »

Excellente réplique, que nous croyons de la main du maître.

Toile ovale. Haut., 77 cent.: larg., 57 cent.

Cadre ovale en bois sculpté et doré, à feuilles d'eau, rangs de perles, pirouettes, fronton à cartouche et nœud de ruban. Époque Louis XVI.

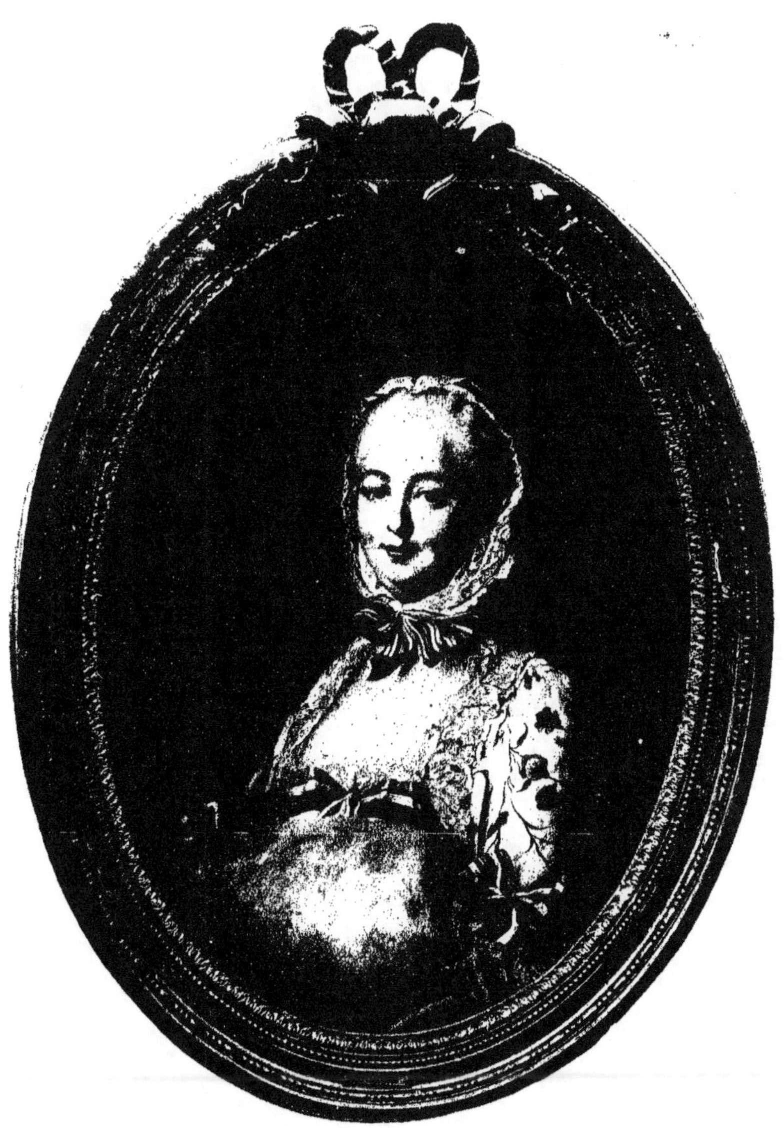

No 3.

LEFÉVRE (Attribué à CLAUDE)
(1633-1675)

4 — *Portrait d'Homme.*

De trois quarts à droite, il est vêtu d'une robe noire, à col empesé et bordé de dentelle. Manchettes de lingerie. Il tient un livre de la main droite appuyée sur le dossier d'une chaise. Chevelure bouclée, retombant sur les épaules.

Toile. Haut., 73 cent.; larg., 60 cent.

Cadre en bois sculpté et doré, de l'époque Louis XIV.

MAIGNAN (ALBERT)

5 — *Coin d'une place d'une ville de Normandie, un jour de marché.*

Toile. Signée.

Haut., 54 cent. 1/2 ; larg., 38 cent. 1/2.

RŒHN (ADOLPHE-EUGÈNE-GABRIEL)
(1780-1867)

6 — *Le Marchand de Cantiques.*

Debout sur un escabeau, un violoneux joue et chante, près de son éventaire en forme d'armoire, adossé au mur d'une terrasse de parc, renfermant une Vierge et des objets de piété. Un paysan à califourchon sur son âne, et tenant un enfant, l'écoutent, ainsi que d'autres villageois. A gauche, un mendiant estropié est assis sur les marches d'un escalier. A droite, une campagnarde vend des fruits à un jeune garçon. Dans le fond, des bateleurs et la foule des curieux. Au lointain, paysage accidenté

Toile. Signée à gauche.

Haut., 56 cent.; larg., 47 cent.

(Salon de 1833.)

(Collection de M. R. Papin, n° 102. Mars 1863.)

Le tableau décrit ci-dessus attribué par erreur dans cette collection à Jean-Alphonse Rœhn fils.

TOCQUÉ (Attribué à Louis)
(1694-1772)

7 — *Portrait d'un personnage de qualité.*

À mi-corps, il est assis dans un fauteuil à haut dossier. Vêtu d'un habit gris, à manches à larges revers ; gilet brodé, déboutonné à demi, laissant voir sa chemise blanche à feston de dentelle. Il tient un livre de la main droite ; le bras gauche appuyé sur l'accotoir du fauteuil. Colonne à droite, et fond de draperie verte à gauche.

Toile. Haut., 1 mètre ; larg., 81 cent.

BRONZES, PENDULES

MEUBLES

8 — Pendule en bronze ciselé et doré et marbre de couleur. Le mouvement est supporté par deux sphinx adossés, à buste de femme, et est agrémenté de petits vases à ifs, petites plaques émaillées et surmonté d'un panache. Elle repose sur une base en marbre de couleurs, étroite et rectangulaire à coins arrondis, à pilastres en marbre blanc, décoré de rinceaux et guirlandes de fleurs peints. Il est orné sur sa face principale d'une plaque en couleur à carrelage et rosace ; au centre, médaillon rond, gerbe de fleurs peintes à la gouache. Le cadran, indiquant les quantièmes, est marqué *Rouvière à Paris*. Fin du XVIII⁰ siècle.

9 — Paire de candélabres en bronze ciselé et doré, formés chacun d'une statuette de femme drapée, debout, portant un bouquet de branches de roses porte-lumières. Base cylindrique en marbre blanc mouluré, ornée d'une frise de rinceaux et rangs de perles. Style Louis XVI.

10 — Garniture de cheminée en bronze ciselé et doré, comprenant une pendule et deux candélabres, de style Louis XVI. *Maison Barbedienne.*

11 — Console-d'applique en bois sculpté (redoré), de forme mouvementée, à décor de rinceaux feuillagés, et quadrillés. Dessus de marbre. Époque Régence.

12 — Vitrine en acajou, à colonnes détachées, ouvrant à deux portes, la partie supérieure vitrée. Dessus de marbre. Époque Empire.

13 — Meuble-cabinet sur pied-support en bois noir mouluré et guilloché, orné de plaques d'écaille rouge jaspée. En partie ancien.

14 — Deux consoles d'appliques, de forme demi-lune, en bois sculpté peint, et rechampi de dorure. La ceinture à frise de rinceaux feuillagés, ajourés. Entrejambe à vase de fleurs, enguirlandé. Dessus de marbre. Style Louis XVI.

15 — Table de milieu, de forme rectangulaire, en bois sculpté peint blanc, rechampi de dorure; ceinture à frise de rinceaux feuillagés, ajourés; entrejambe à croisillon et vase de fleurs, enguirlandé. Dessus de peluche rouge. Style Louis XVI.

II
Objets appartenant à Divers

TABLEAUX

CHARLET

16 — *Deux chiens bassets, attachés à un poteau.*

Aquarelle. Signée et datée : 1832.

HEEMSKERK (Attribué à Van)
(1643-1704)

17 — *Les Joueurs de dames.*

Toile. Signée d'un monogramme.

Haut., 47 cent.; larg.. 40 cent.

LAVIEILLE (Eugène)

18 — *Le Vieux pommier.*

Toile.

Haut., 74 cent.; larg., 57 cent.

MEUBLES, SIÈGES

680

19 — Canapé et deux fauteuils en bois sculpté peint, de l'époque Louis XV. Garniture d'étoffe brochée.

135

20 — Armoire normande en bois sculpté. xviiie siècle.

140

21 — Meuble d'entre-deux, à deux portes, en bois noir et marqueterie de cuivre et écaille, orné de bronzes dorés. Dessus de marbre blanc.

175

22 — Table de salon, de forme contournée, en bois noir et marqueterie de cuivre et écaille, ornée de bronzes dorés.

23 — Glace ovale, dans un cadre doré.

24 — Deux glaces, cadre peluche; un casier à musique, palissandre; un fauteuil et deux chaises normandes paillées.

ÓBJETS VARIÉS

FAIENCES, PORCELAINES, ETC.

25 — Cinq assiettes, un plat rond et un saladier, ancienne faïence de Strasbourg; deux bouquets de fleurs et chine.

26 — Quatorze assiettes, une soupière et deux plats, en ancienne faïence française.

27 — Service à thé et à café, en ancienne porcelaine de Saxe au point, à côtes, décor de fleurs en camaïeu violet. Il comprend : une théière couverte, un pot à lait, un sucrier couvert, un flacon à thé, un beurrier, un bol, six tasses à thé, six tasses à café, et treize soucoupes.

28 — Plaquette rectangulaire en ancien bronze, de *Barye* : Chien de chasse dans des roseaux, en arrêt devant une bécasse.

Haut., 10 cent 1/2; larg., 15 cent. 1/2.

29 — Pendule en bronze ciselé, formée de deux statuettes d'amours, supportant une sphère surmontée d'un groupe de trois colombes, enguirlandée, et renfermant le mouvement. Par *A. Moreau*. Socle en marbre rouge.

30 — Petite boite rectangulaire en marqueterie de
bois de couleurs, à carrelages, renfermant des
jetons en nacre gravée.

31 — Groupe en terre cuite : *La Folle chanson*, par
JEF. LAMBEAU.

32 — Poignard de « fou » en fer.

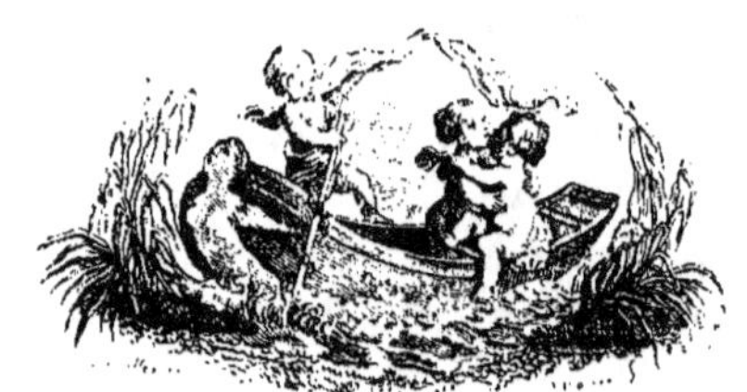